Richard Albrecht

Tertiäre Ausbeutung; Zukunftspersektive/n - Subjektwissenschaftliche Hinweise auf historisch-materialistische Realanalysen des 21. Jahrhunderts

GRIN Verlag

Bibliografische Information der Deutschen Nationalbibliothek:

Die Deutsche Bibliothek verzeichnet diese Publikation in der Deutschen National-
bibliografie; detaillierte bibliografische Daten sind im Internet über http://dnb.d-
nb.de/ abrufbar.

Impressum:

Copyright © 2006 GRIN Verlag GmbH
Druck und Bindung: Books on Demand GmbH, Norderstedt Germany
ISBN: 978-3-656-53090-9

Dieses Buch bei GRIN:

http://www.grin.com/de/e-book/110186/tertiaere-ausbeutung-zukunftspersektive-
n-subjektwissenschaftliche-hinweise

Tertiäre Ausbeutung; Zukunftsperspektive/n Subjektwissenschaftliche Hinweise auf historisch-materialistische Realanalysen des 21. Jahrhunderts.

Richard Albrecht

Vorarbeiten

Wenn die deutsch(sprachig)e Netzenzyklopädie *wikipedia* im Beitrag über Karl Marx[1] „marxistische Diskussionen" aufgreift, dabei auch auf mehrere meiner letztjährigen Beiträge hinweist und betont, daß „der Sozialwissenschaftler Richard Albrecht[2] in den letzten Jahren versucht [hat], drei Marxsche Hinweise zur empirischen Analyse metropolischer Gegenwartsgesellschaften zu nutzen", so ist dies ebenso zutreffend wie die entsprechende Zusammenfassung: „es geht einmal um (i) Gesellschaft und (ii) Technologie als Schlüsselbegriffe marxischer Sozialtheorie und um (iii) Pauperismus als empirische Leitkategorie":

„(i) ausgehend vom Engels/Marxschen Hinweis, dass "nicht das Bewusstsein das Leben, sondern das Leben das Bewusstsein" bestimmt (Marx/Engels: Die deutsche Ideologie; Marx-Engels-Werke/MEW 3, 27: "It is in fact not the consciousness dominating life but the very life dominating consciousness") verwies der Autor mit Blick auf so absurde Thesen wie: "There is no such thing as society, only men and women and their families" (Margaret Thatcher, deutsch etwa: Gesellschaft ist ein Unding, so etwas wie Gesellschaft gibt es nicht. Es gibt nur Männer, Frauen, und deren Familien) gegen jede reduktionistische, individualistische und obscuristische Soziologie darauf, dass, so Karl Marx, Gesellschaft "nicht aus Individuen [besteht], sondern die Summe der Beziehungen, Verhältnisse aus[drückt], worin diese Individuen zueinander stehn" (Grundrisse der Kritik der politischen Ökonomie/Rohentwurf, 1857/58: "Any society does not consist of individuals but expresses the sum of relationships [and] conditions that the individual actor is forming")";

„(ii) erinnerte der Autor an den von Karl Marx selbst nur beiläufig im ersten Band des "Kapital" in einer Fußnote erwähnten Begriff "Technologie" als Leitkategorie einer Sozialtheorie: "Die Technologie enthüllt das aktive Verhalten des Menschen zur Natur, den unmittelbaren Produktionsprozess eines Lebens, damit auch seiner gesellschaftlichen Lebensverhältnisse und der ihnen entquellenden geistigen Vorstellungen" (Das Kapital I, 1867, Kapitel 13, Anm. 89: "Maschinierie und große Industrie": "Technology discloses the active relation of man towards nature, as well as the direct process of production of his very life, and thereby the process of production of his basic societal relations, of his own mentality, and his images of society, too"). Der Autor unterschied diese umfassende Kategorie der Technologie von einem engeren Begriff von Technik im Rahmen einer subjektwissenschaftlich-handlungszentrierten Sozialpsychologie, welche Technik als spezielles gesellschaftliches Verhältnis versteht und im Anschluss an Ernst Bloch[3] auch die Dimension möglicher Technik-Medien-Nutzung skizziert: "Technology Within Every-Day-Life: What People Could Do - What People Can Do - What People Do. Towards Another Psychology of Technology in 21th Century"";[4]

"(iii) hat Richard Albrecht Hinweise von Karl Marx (und Friedrich Engels) zur "relativen Übervölkerung" ernstgenommen und als einen zentralen Ansatz gehaltvoller empirischer Sozialanalyse in die aktuelle Armutsdiskussion ("poverty line", "working poor"[5]) in Deutschland einzubringen versucht."[6]

Gemeinsames Merkmal dieser Beiträge wie auch der hier erstpublizierten Hinweise zur tertiären Ausbeutung und zu Zukunftsperspektive/n ist die auf handlungswissenschaftlicher Grundlage versuchte subjektwissenschaftliche Erweiterung herkömmlich-theoriemarxistischer Hinweise einerseits und andererseits der Anschluß ans sozialpsychologisch-handlungswissenschaftlich höchstbedeutsame „Thomas-Theorem"[7], auf dessen Bedeutung ich zuletzt in zwei besonderen Untersuchungsfeldern, nämlich (Rhein-) Mythos[8] und (Völkermord-) Mentalitätssyndrom[9], aufmerksam machte.

Tertiäre Ausbeutung

Mein Diskussionsbeitrag zur tertiären Ausbeutung schließt an frühe Texte von Karl Marx – aber auch Friedrich Engels[10] - an: Nach knappsten Hinweisen zum Werk von Marx im allgemeinen wird an die dort skizzierten beiden Hauptausbeutungsformen – primäre und sekundäre – erinnert und, darüber hinausgehend, eine dritte, erweiterte, skizziert: tertiäre Ausbeutung.

Denken und Werk von Karl Marx (1818-1883) stehen in zahlreichen komplexen Zusammenhängen und dialektischen Spannungsfeldern: auf der intellektuell-wissenschaftlichen Ebene zum Beispiel sind zentrale Problemfelder die philosophische Subjekt-Objekt-Problematik, die Wissenschaftsmethodologie von Besonderem und Allgemeinen, das richtungsweisende Verhältnis von gesellschaftlichem Gesetz und sozialer Tendenz und schließlich das widersprüchliche Verhältnis von Theorie und Empirie. Auf der publizistischen Ebene sind zum Beispiel Moral und Wissenschaft - hier vor allem Kritik der politischen Ökonomie und/als Schlüssel zum Verständnis der Analyse der Anatomie der ´bürgerlichen ´Gesellschaft´ (G.F.W. Hegel), ihrer Veränderung durch soziale Bewegungen, schließlich Studium und Beeinflussung dieser - zwei zentrale Interessensfelder.

Der moralische Ausgangspunkt und Impetus ist im Werk von Marx leicht erkennbar, zum Beispiel in seinem anonymen Artikel („Von einem Rheinländer") über die Verhandlungen des sechsten rheinischen Landtags zum Holzdiebstahl in Form des „Holzdiebstahlsgesetz" (1842). Marx verweist hier auf die – zeitgemäß ausgedrückt – gesellschaftliche Bedeutung und Wirksamkeit von Definitionsmacht: Wenn nämlich den Armen das bisher durch Gewohnheitsrecht garantierte Recht „der Armut in allen Ländern", das „seiner Natur nach nur das Recht dieser untersten besitzlosen und elementarischen Masse sein kann" (Marx-Engels-Werke, Berlin 1962 ff.; hier MEW 1, 115) genommen wird – dann werden sie nicht nur entrechtet, sondern auch einer für ihr (Über-) Leben zentralen Handlungsmöglichkeit, (Feuer-) Holz zu schlagen, beraubt – mit allen Wirksamkeiten fürs wirkliche Leben (früh[er]es Sterben eingeschlossen...)

In einem weiteren „frühen" Text - der damals so unvollendeten wie unveröffentlichten Kritik der Hegelschen Rechtsphilosophie (1844) - skizziert Marx (s)einen aus (s)einer Kritik der Religion entwickelten kategorischen Imperativ: Wenn der „Mensch das höchste Wesen für den Menschen" ist, dann gilt es, so Marx, „alle Verhältnisse umzuwerfen, in denen der Mensch ein erniedrigtes, ein geknechtetes, ein verlassenes, ein verächtliches Wesen ist." (MEW 1, 385)

Diese emphatische moralische Sendung findet sich im auch literarsprachlich bedeutsamen „Manifest der Kommunistischen Partei" (1848) von Karl Marx und Friedrich Engels (1820-1895): Nicht nur, daß eine dichte Beschreibung weltgeschichtlicher Entwicklung versucht wird mit der Bourgeoisie als geschichtlicher Vorreiterklasse, die „alle Nationen zwingt", sich ihre, nämlich die kapitalistische, „Produktionsweise anzueignen, wenn sie nicht zugrunde gehen wollen" und sich insofern „eine Welt nach ihrem eigenen Bilde schafft" (MEW 4, 466), daß der „Weltmarkt" nicht nur abstrakt gedacht, sondern konkret im Zusammenhang mit technischen Fortschritten und kommerzieller Internationalisierung als „fortwährende" Revolutionierung „sämtlicher gesellschaftlicher Verhältnisse" (MEW 4, 465) vorgestellt wird – Marx/Engels kritisieren nicht nur die damit einhergehenden neuen und erweiterten Ausbeutungsverhältnisse, sondern erkennen auch in der durch kapitalistische Produktions- und bürgerliche Herrschaftsverhältnisse geschaffenen neuen (Mehrheits-) Klasse, dem Proletariat (oder der Arbeiterklasse), die *Möglichkeit der Abschaffung aller klassenbezogenen Herrschaft überhaupt* (MEW 4, 472).

Der „reife" Marx schließlich analysiert als Sozialwissenschaftler diese gesellschaftlichen „Verhältnisse" genauer und entwickelt, wie zuerst an der Bedeutung des „Holzdiebstahl" skizziert, (s)einen Begriff von Gesellschaft als Ensemble, als Gesamtheit, schließlich als ´konkrete Totalität´ im übergreifend-allgemeinen Sinn, indem er die Hegel´sche dialektische Methode, „vom Abstrakten zum Konkreten aufzusteigen" und sich das Konkrete intellektuell anzueignen, „es als ein geistig Konkretes zu reproduzieren" (MEW 13, 632), benützt: Aus dieser Sicht besteht Gesellschaft – so Marx 1857/58 in seinen Vorarbeiten zu seinem wissenschaftlichen Hauptwerk „Das Kapital. Kritik der politischen Ökonomie" - „nicht aus Individuen, sondern drückt die Summe der Beziehungen, Verhältnisse aus, worin diese Individuen zueinander stehn" (Grundrisse der Kritik der politischen Ökonomie [Rohentwurf 1857/58], Berlin 1974, hier 176).

*

Wenn die erste und vorrangige Ausbeutung oder Primärexploitation im Bereich der gesellschaftliche Herrschaftsverhältnisse begründendenden materiellen Produktion und der Aneignung des gesellschaftlichen Mehrprodukts stattfindet – so gibt es darüber hinausgehend weitere und erweiterte Exploitations- oder Ausbeutungsformen.

Insbesondere in der alten Bundesrepublik Deutschland wurde im kritisch-wissenschaftlichen Diskurs seit Negt/Kluges *„Organisationsanalyse"* von Öffentlichkeit/en (1972)[11] und vor allem, daran anschließend, von Oskar Negt selbst drei Jahrzehnte lang, etwa in den „Gewerkschaftlichen Monatsheften", beständig von „sekundärer Ausbeutung" gesprochen: etwa 1973: http://www.gmh.dgb.de/main/pdf-files/gmh/1973/1973-08-a-495.pdf; oder 1988: http://www.gmh.dgb.de/main/pdf-files/gmh/1988/1988-06-a-343.pdf; oder zuletzt 1993: http://www.gmh.dgb.de/main/pdf-files/gmh/1993/1993-11-a-657.pdf; zur „Kritik des realexistierenden Kapitalismus"[12] ebenda: http://www.gmh.dgb.de/main/pdf-files/gmh/1991/1991-08-a-508.pdf); und noch 2004 ist betont worden, daß im Sinne „reeller Subsumtion des Menschen unter das Kapital" (Marx) insbesondere im „Zusammenhang der außerbetrieblichen Existenzweise des Menschen" zunehmend „sekundäre Ausbeutung" wirkt[13]. Diese Hinweise auf Sekundärexploitation freilich waren und sind stets überbautisch auf Medien, Kommunikation, Bewußtsein und nicht auf die materielle Sphäre der politischen Ökonomie und ihrer Kritik bezogen. Sie fallen insofern noch hinter den im analytischen Teil des „Manifest der Kommunistischen Partei" erreichten Erkenntnisstand zurück. Im „Kommunistischen Manifest" nämlich hieß es zur sekundären Ausbeutung noch im materiellen Sinn mit Blick auf die Reallage damaliger Fabrikarbeiter: „Ist die Ausbeutung des Arbeiters durch den Fabrikanten so weit beendigt, daß er seinen Arbeitslohn bar ausgezahlt erhält, so fallen die anderen Teile der Bourgeoisie über ihn her, der Hausbesitzer, der Krämer, der Pfand(ver)leiher usw." (MEW 4, 469).

Auch ein vor zwanzig Jahren entwickelter eigenständiger Ansatz zur erweiterten *„tertiären Ausbeutung"* oder Tertiärexploitation rückbezog sich wohl ausdrücklich auf die im „Kommunistischen Manifest" beschriebenen primären u n d sekundären Ausbeutungsformen – freilich ohne diesen Pfad analytisch folgerichtig zu Ende zu gehen: einerseits wurde methodisch noch auf der Ebene der Einzelheit argumentiert – hier der Enteignung unmittelbarer Erfahrung durchs

Massenmedium Fernsehen im allgemeinen und der Verkehrung durchs damals neue „Fernsehen in Farbe" als „vielleicht qualitativ neue visualkulturelle Erscheinung überhaupt" und „auch massenhafte (farb-) ästhetische Sozialisation" [14]; andererseits bestimmte inhaltlich noch die Negt/Kluge´sche Enteignungsoptik mit ihrer Überakzentuierung zerstörter Sinnlichkeit, Spontaneität und Organisationsfähigkeit durch massenmedial inszenierte und dominierte bürgerliche Öffentlichkeit.

Würden diese beiden Beschränkungen aufgehoben, dann ginge es auch um die von Walter Benjamin schon 1930 für dringend erforderlich erachtete sozialwissenschaftliche *Theorie* „von der Entstehung des falschen Bewußtsein"[15]. Insofern könnte sich im produktiv-marxistischen u n d subjekt-wissenschaftlichen Sinn das Konzept: *tertiäre Ausbeutung* als Besonderheit zur Kennzeichnung aller weiteren, vor allem immateriellen, Ausbeutungsformen des voll entwickelten monopolistisch-imperialistischen Spätkapitalismus mit seiner massiven „Bewußtseinsindustrie" (Hans Magnus Enzensberger) einschließlich der auch dort strukturell eingelagerter Formen von „Gehirnwäsche" (brain-washing) als konzeptionell tragfähig erweisen (wie kürzlich von Albrecht Müller am aktuellen Beispiel der Demographie-, Alters- und Rentenfrage veranschaulicht)[16].

*

Das Konzept der tertiären Ausbeutung („Tertiärexploitation") verweist zugleich aber immer auch auf die praktischen Grenzen aller medialer und Manipulationsarbeit/en. Denn, zu Ende gedacht, zeigen jedwede Versuche der „Bewußtseinsfalsifikation" (Reinhard Opitz)[17] sowohl die Grenzen aller durch den Warenfetisch veranlaßten spontanen Mystifikation/en als auch gefühlsbezogene und seelische (psychoaffektive) Widerständigkeiten im jahrhundertlangen Produktionsprozeß von *„gesellschaftlicher Gefolgschaft"*[18] der Internalisierung, also der Verinnerlichung äußerlich vorgegebener Zwänge, Normen und Werte zur Verhaltenssteuerung – und damit schließlich darauf, daß auch zu Beginn des 21. Jahrhunderts in den metropolischen Zentren des Weltkapitalismus die Lage infolge der strukturellen Erschöpfung aller (spät)bürgerlichen Leitinstitutionen nicht hoffnungslos, sondern progressiv veränderbar ist[19].

Zukunftsperspektive/n

Zunächst wird einleitend betont, daß auch Marx und Engels die anthropologische und handlungspraktische Bedeutung von Zukunft(sentwicklung) und (Zukunfts-) Antizipation erkannten. Sodann wird herausgearbeitet, daß im inzwischen ´klassischen´ „soziographischen Versuch" – der zuerst 1933 als Buch veröffentlichten „Marienthal"-Studie von Marie Jahoda und anderen – „über die Wirkungen langandauernder Arbeitslosigkeit" nicht nur die Zeit(dimension) im allgemeinen, sondern speziell die durch vorgegebene Rahmenbedingungen vermittelte Antizipation zukünftiger Entwicklung/en handlungsbestimmend wirkt/e – wenn auch im - handlungsblockierenden - Sinn, daß nämlich auf die Subjekte einwirkende „stabile Strukturen Handlungsalternativen nicht zulassen."[20]

Auch wenn sich im höchstverdienstvollen „Etymologischen Wörterbuch des Deutschen" von Wolfgang Pfeifer u.a.[München 1995³] kein direkter Hinweis auf das, was *Zukunft* sein soll, findet – „kunft" (auch kumft) als mittelhochdeutsche Vorform hat mit dem neuhochdeutschen (An-) Kommen zu tun und verweist auf (Noch-) Nichtgegenwärtiges. Insofern ist Zukunft im allgemeinen auch eine Zeit, die nicht Gegenwart oder Jetztzeit, sondern kommende, der Jetztzeit oder Gegenwart folgende Zeit ist[21]. Eine Metapher für Zukunft, die meist zeitlich Naheliegendes meint, ist (das) Morgen und insofern nicht mit dem Morgen oder dem nächsten (als morgigen) Tag zu verwechseln.

Im 1888 entstandenen Lied „Die Internationale" (Text: Emil Luckhardt; Musik: Pierre Chrétien Degeyter) kommt weder Zukunft noch (das) Morgen vor – wohl aber in der (1918 von Hermann Scherchen besorgten) deutschen Fassung des russischen Volkslieds „Brüder, zur Sonne, zur Freiheit". In der ersten Strophe wird, bis heute, als Ausdruck künftig erwarteter Befreiung, der Text: „Hell aus dem dunklen Vergangnen / leuchtet die Zukunft hervor" refrainhaft zwei Mal gesungen[22].

Während sich im „Manifest der Kommunistischen Partei" (1848) in Verbindung mit dem großindustriell produzierten und bürgerlich institutionalisierten Weltmarkt durchaus zukunftsbezogene und insofern prognostische Aussagen finden – etwa zur Entwicklung des Proletariats (MEW 4: 470) – so drückt sich in der marxistischen Entwicklung des theoretischen „Sozialismus von der Utopie zur Wissenschaft" auch ein intellektueller Verzichtsprozess auf Voraussagen oder Prognosen aus – auch in Texten, in denen noch am ehesten prognostische Aussagen auf und subjektive Erwartungen an zukünftige Entwicklungsprozesse zu erwartbar wären wie etwa in den „Grundrissen" („Rohentwurf": 1857/58) oder, wesentlich später, im „Fragebogen für Arbeiter" (1880), dessen 104 Fragen keine einzige nach zukünftigen Prognosen oder Erwartungen der Arbeiter enthält (MEW 19: 230-237).

Auf *Zukunftsprognosen* läßt sich Marx (1972) hingegen in seiner kurzen Stellungnahme zur Agrarfrage („Über die Nationalisierung des Grund und Bodens" [1872]; MEW 18: 59-62) ein, indem er einerseits allgemein betont, daß „die Zukunft der Arbeiterklasse" von der Lösung der Eigentumsfrage an Grund und Boden abhängt (MEW 18: 59) und andererseits gesellschaftliche Zukunft nur dort und dann sieht, wo und wenn Grund und Boden „nationales Eigentum" sind (MEW 18: 62); im antizipativen Sinn gedanklicher Vorwegnahme möglicher Entwicklungen und Ereignisse erwartet Marx von der „Nationalisierung von Grund und Boden eine vollkommene Änderung in den Beziehungen zwischen Arbeit und Kapital" und schließlich die Beseitigung „der gesamten kapitalistischen Produktion, sowohl in der Industrie wie in der Landwirtschaft. Nur dann werden die Klassenunterschiede und Privilegien verschwinden, zusammen mit der ökonomischen Basis, der sie entspringen, und die Gesellschaft wird in eine Assoziation freier "Produzenten" verwandelt werden" - wobei es in der englischsprachigen Veröffentlichung des Textes anstatt „Die Zukunft" wird entscheiden „Die soziale Bewegung" wird entscheiden heißt...

Sowohl Marx als auch Engels haben von ihren Früh- bis zu ihren Spätschriften immer wieder die bedeutende Rolle des humanen Intellekts und der kreativen Kraft intellektueller Antizipation betont: Wie es der „junge" Marx war, der als rheinländischer Publizist den strukturanthropologischen Unterschied zwischen dem unter Tieren als „Baumeister" geltenden Biber (ein tierischer „Baumeister mit einem Fell") und einem Architekten (als menschlicher Baumeister eben kein „Biber ohne Fell") ironisch betonte (MEW 1: 63), als Philosoph den „Menschen als bewußtes Gattungswesen", das im Gegensatz zum Tier „universell produziert" und dabei „auch nach den Gesetzen der Schönheit" formiert (Ökonomisch-philosophische Manuskripte [1844]; MEW 40: 516-517) vorstellte, so war es der analytische Sozialwissenschaftler Marx als Kritiker der politischen Ökonomie, der als Kennzeichen des besonderen menschlichen Arbeitsprozesses die

Antizipation des (später zur Ware formverwandelten) Arbeitsprodukts erkannte (MEW 23: 193):

„Was aber von vornherein den schlechtesten Baumeister vor der besten Biene auszeichnet, ist, daß er die Zelle in seinem Kopf gebaut hat, bevor er sie in Wachs baut. Am Ende des Arbeitsprozesses kommt ein Resultat heraus, das beim Beginn desselben schon in der Vorstellung des Arbeiters, also schon ideell vorhanden war."

Friedrich Engels schließlich verallgemeinerte die *universelle Sonderstellung des Menschen* - humane Naturbeherrschung -, als er in einem Manuskriptfragment 1875/76 (zur Entwicklungsgeschichte der menschlichen Hand bei der „Menschwerdung des Affen") betonte (MEW 20: 322/323):

„Auch Tiere im engem Sinne haben Werkzeuge, aber nur als Glieder ihres Leibes - die Ameise, die Biene, der Biber; auch Tiere produzieren, aber ihre produktive Einwirkung auf die umgebende Natur ist dieser gegenüber gleich Null. Nur der Mensch hat es fertiggebracht, der Natur seinen Stempel aufzudrücken, indem er nicht nur Pflanzen und Tiere versetzte, sondern auch den Aspekt, das Klima seines Wohnorts, ja die Pflanzen und Tiere selbst so veränderte, daß die Folgen seiner Tätigkeit nur mit dem allgemeinen Absterben des Erdballs verschwinden können."

Hier liegt die anthropologische Begründung dessen, was Karl Marx als *„general intellect"* bezeichnete und was als praktische gesellschaftliche Vernunft bis heute uneingelöst ist (Grundrisse, 594):

„Die Natur baut keine Maschinen, keine Lokomotiven, Eisenbahnen, electric telegraphs, selfacting mules etc. Sie sind Produkte der menschlichen Industrie; natürliches Material, verwandelt in Organe des menschlichen Willens über die Natur oder seiner Betätigung in der Natur. Sie sind *von der menschlichen Hand geschaffene Organe des menschlichen Hirns*; vergegenständliche Wissenskraft."

*

Das Bedeutsame der inzwischen „klassischen" Studie „Die Arbeitslosen von Mariental. Ein soziographischer Versuch über die Wirkungen langandauernder Arbeitslosigkeit" (1933) von Marie Jahoda und anderen[23] ist nicht ein damals erstmalig erprobter „Methodenmix" in einer bis heute einzigartigen „Multimethodenstudie" und der dort angewandten sozialwissenschaftlich-empirischen Forschungstechniken (einschließlich ´moderner´ Aktionsforschung), auch nicht die thematische Zuwendung zu mit Arbeitslosigkeit aufscheinenden Segmenten einer versteckten Gesellschaft („hidden society" [Vilhelm Aubert]) - sondern das emphatische „Sich-Einbohren" ins real-existierende „soziale Milieu" im Sinne Gottfried Schnapper-Arndts (1846-1904), in dessen sozialstatistisch-volkskundliche Detailbeschreibungen, zunächst übers Leben in einer schwarzwälder Uhrschildmalerfamilie (1880), später über das in fünf Dörfern auf dem Hohen Taunus (1883)[24], die Forschungsobjekte als Humansubjekte Ernst genommen werden, also weder als herkömmliche „Reaktionsdeppen" herhalten müssen noch dem neuesten „subjektnihilistischen Impetus" (Hartmut Kreuss) postmodernischer Beliebigkeitsideologie unterliegen[25]

Die „Marienthal"-Studie war erste ´große´ empirische Studie über Folgen langandauernder Arbeitslosigkeit eines kleinen Orts im Steinfeld an der Fischa-Dagnitz, südöstlich von Wien. „Marienthal" war bis 1918 Synonym für Industrialisierung und Wohlstand, waren doch dort in einer 1830 als Flachspinnerei gegründeten Textilfabrik später bis zu 1.200 Menschen in (Lohn-)Arbeit. In den 1920er Jahren, noch vor der „Weltwirtschaftskrise" 1929, wurden infolge fehlender Absatzmärkte zunächst Hunderte von Arbeitern entlassen. 1929/30 wurden Spinnerei, Bleiche und schließlich auch die Tuchweberei stillgelegt, im Frühjahr 1930 Spinnerei und Bleiche abgerissen, so daß nur noch Websäle und Färberei standen: Das Arbeiterdorf mit seinen 1.486 Einwohnern (1932) wurde zum klassischen Fall des Absturzes eines gesamten Ortes in die Arbeitslosigkeit – zumal auch in/um Wien nun angesichts von Weltwirtschaftskrise und Massenarbeitslosigkeit auch Abwanderung dorthin nichts mehr nützte, um dem Schicksal „Arbeitslosigkeit" zu entkommen[26].

"Es war damals eine große Debatte in der Sozialdemokratie" – erinnerte Marie Jahoda später –„ob lange Arbeitslosigkeit zu Revolution führt, daher hat man unsere Arbeit so begrüßt. Von Marienthal haben wir gelernt, daß aus materiellem Elend kein Weg zu fortschrittlichem Denken führt - vielmehr mündet es in Resignation"[27], vor allem durch "soziale Isolierung der arbeitslosen Menschen" im allgemeinen,

„deutlichen Zerfall des Zeitbewußtseins" und „Verzicht auf eine Zukunft" im besonderen.

Marie Jahoda und Mitarbeiter/innen waren insgesamt 120 Tage in diesem proletarischen Industriedorf, vor allem während der ersten Monate 1932. Zu diesem Zeitpunkt waren 367 von 478 Familien (~ 77 %) abhängig von der Unterstützungsgeldern zum Lebensunerhalt.

Die bis heute verallgemeinerungsfähigen Hauptergebnisse der „Mariental"-Studie zum Industriedorf in der Arbeitslosigkeit lassen sich -jenseits aller Einzelheiten- etwa so zusammenfassen[28]:

In der Arbeitslosigkeit wurde wo immer möglich Geld gespart - Zugfahrten nach Wien gingen ebensowenig wie Besuche bei Freunden oder Verwandten. Das soziale Umfeld schrumpfte auf den Ort zusammen. Dortige Einrichtungen wie die Bibliothek wurden kaum mehr aufgesucht (obwohl jetzt Zeit zum Lesen vorhanden war). Auch die „Lust auszugehen" fehlte. Diese resignative Grundhaltung der arbeitslosen Menschen und ihrer Familien wurde in ihrem Tagesablauf deutlich. (Die Zeitverwendungsbögen erfaßten, was die Menschen mit ihrer gleichförmig-freien Zeit machten.) Der Arbeitslosenalltag hatte drei Fixpunkte: Aufstehen – Mittagessen – Zu-Bett-Gehen. Die langen Zwischenzeiten wurden dadurch auszufüllen versucht, indem einfache Routinetätigkeiten gestreckt wurden – z.B. von etwa fünf nötigen Minuten auf bis zu einer Stunde. Aber nicht nur das Zeitgefühl verschob sich: Der langanhaltende Zustand der Arbeitslosigkeit führte auch zu weiteren Abstumpfungen der Gefühle: Die betroffenen arbeitlosen Menschen wurden sich und einander zunehmend gleichgültiger.

Nach mehrjähriger massenhafter Arbeitslosigkeit vermittelte das Industriedorf „Marienthal" den Feldforscher/innen den „Eindruck einer als Ganzes resignierten Gemeinschaft, die zwar die Ordnung der Gegenwart aufrechterhält, aber die Beziehung zur Zukunft verloren hat" – wobei der „Eindruck der Resignation" bei „Kindern und Jugendlichen umso auffallender [ist], als man bei diesen Altersgruppen im allgemeinen alles eher als Resignation erwartet."[29]

Über diese so illustrative wie sensible Zustandsbeschreibung eines österreichischen Industriedorfs in der Arbeitslosigkeit Anfang der 1930er Jahre hinaus ist die Studie *Die Arbeitslosen von Marienthal* aber auch eine für empirische Sozial- und Kulturforschung richtungsweisende theoriebezogene Forschungsarbeit durch die sozialpsychologische Typifizierung in „Haltungstypen".

Zunächst wird eine dychotome Typologie des familiären Verhaltens nach dem Hauptkriterium: von der Erfahrung langanhaltender Arbeitslosigkeit gebrochen o d e r ungebrochen mit einer Stichprobe von 100 Familien und jeweils vier Untergruppen angeboten: (i) *„ungebrochene"* Familien mit den besonderen Kennzeichen: „subjektives Wohlbefinden, Aktivität, Pläne und Hoffnungen für die Zukunft, aufrechterhaltene Lebenslust, immer wieder Versuche zur Arbeitsbeschaffung" (71); (ii) *„resignierte"* Familien mit der „Einstellung: man kann ja doch nichts gegen die Arbeitslosigkeit machen, dabei eine relativ ruhige Stimmung, sogar immer wieder auftauchende heitere Augenblicksfreude, verbunden mit dem Verzicht auf Zukunft, die nicht einmal mehr in der Phantasie als Plan eine Rolle spielt" (70); (iii) *„verzweifelte"* Familien: „Depression, Hoffnungslosigkeit, das Gefühl der Vergeblichkeit aller Bemühungen und daher keine Arbeitssuche mehr, keine Versuche zur Verbessung sowie häufig wiederkehrende Vergleiche mit der besseren Vergangenheit" (71); und schließlich von diesen drei Gruppen, die alle noch „in ihrem Haushalt Ordnung halten [und] auch ihre Kinder pflegen" (71) unterscheidbar der Haltungstyp (iv) *„apathische"* Familien: „man läßt den Dingen ihren Lauf, ohne den Versuch zu machen, etwas vor dem Verfall zu retten [...]. Das Hauptkriterium ist: das energielose, tatenlose Zusehen. Wohnung und Kinder sind unsauber und ungepflegt, die Stimmung ist nicht verzweifelt, sondern indolent. Es werden keine Pläne gemacht, es besteht keine Hoffnung; die Wirtschaftsführung ist nicht mehr auf Befriedigung der wichtigsten Bedürfnisse gerichtet, sondern unrationell [...]. Nicht nur für die weitere Zukunft, schon für die nächsten Tage und Stunden herrscht völlige Planlosigkeit." (71/72).

Diese vier Hauptgruppen und ihre Häufigkeitsverteilung in „Marienthal" – ungebrochene: 16 %, resignierte 48 %, verzweifelte 11 %, apathische 25 % - unterscheiden sich vor allem in ihren *subjektiven Zukunftsdimensionen* in doppelter Weise: Einmal mit Blick auf Auswirkungen von Haushalts- und Lebensführung auf die „Nachgeborenen" (Bertolt Brecht), damit auch auf familiäre Zukunft: hier kontrastiert allein die letzte Gruppe negativ die ersten drei Gruppen, die die gemeinsamen Merkmale „Aufrechterhaltung des Haushaltes" [und] „Pflege der Kinder" (70) aufweisen; zum anderen hinsichtlich des Fehlens aller auch gedanklich-ideeller Antizipationen und Zukunftserwartungen als „Verzicht auf eine Zukunft, die nicht einmal mehr in der Phantasie als Plan eine Rolle spielt" (70): hier kontrastieren alles drei Gruppen (des resignierten, verzweifelten und apathischen Handlungstyps) negativ zum ungebrochenen, der allein noch „Pläne und Hoffnungen für die Zukunft" kennt (71).

Das von Marie Jahoda und anderen in der „Marienthal"-Studie immer wieder aufgefundene und betonte „Gefühl der Unabänderlichkeit und der Aussichtslosigkeit" (94) als *resignatives Grundmotiv* war, auch als Zukunftskomponente, im System der damaligen *Arbeitslosen-Unterstützung* angelegt (38-41) und verweist auf die futurale Zeitdimension: Nach längstens 30 Wochen Arbeitslosenunterstützung nämlich kamen Aussteuerung und staatliche Notstandshilfe, die damals etwa 80 Prozent der versicherungsbezogenen Arbeitslosenunterstützung betrug, jedoch höchstens ein Jahr lang gezahlt wurde. Danach erfolgte die endgültige Ausmusterung. Das betraf in „Marienthal" von 367 Arbeitslosenfamilien neun, während die überwältigende Mehrheit, 358, noch Unterstützungsleistungen erhielt, sich dabei freilich ausrechnen konnte, wann bei unveränderter Lage auch sie endgültig ausgemustert würden ... Jedwede Unterstützungsleistung schließlich wurde dann entzogen, wenn bei Arbeitsübernahme/n einschließlich Gelegenheitsarbeit/en und Nebeneinnahme/n bekannt wurden.

Im Schlußkapitel der „Marienthal"-Studie zur „Widerstandskraft" von Menschen bei langandauernder Massenarbeitslosigkeit wird nicht nur an die Eingangstypologie angeschlossen, sondern auch in Form einer Korrelation der vier Grundtypen mit verfügbarem familiärem „Einkommen" empirisch sensitiv herausgearbeitet, was z.B. der Unterschied von fünf Schilling im Monat auf der Ausgabenseite ausmacht/e – nämlich, daß Mann sich beispielsweise „gelegentlich eine Zigarette zu 3 Groschen leisten" kann und „nicht immer nur Stummel auf der Straße aufklauben" muß (96). Das Beispiel veranschaulicht auf der Zeitachse noch einmal, daß „die Ansprüche an das Leben immer weiter zurückgeschraubt [werden], der Kreis der Dinge und Einrichtungen, an denen noch Anteil genommen wird, sich immer weiter einschränkt [und] die Energie, die noch bleibt, auf die Aufrechterhaltung des immer kleiner werdenden Lebensraumes konzentriert" wird.(101)

Zum Schluß relativieren Marie Jahoda u.a. unter Berücksichtigung der Dauer von Langzeitarbeitslosigkeit die Relevanz ihrer Typologie und verweisen auf die *soziale Typik* von übergreifend-allgemeiner

Resignation mit ihren besonderen zeitlichen Verlaufs- und konsequenten Erscheinungsformen:*Verzweiflung* und *Apathie* als Ausdruck einer sozialen Lebenslage, die gekennzeichnet ist vom „Verzicht auf eine Zukunft, die nicht einmal mehr in der Phantasie als Plan eine Rolle spielt." (70)

„Zwar haben wir verschiedene Haltungstypen unterschieden: eine aktivere, zuversichtlichere als die charakteristische Gruppe der Resignierten, zwei andere darüber hinaus gebrochen und hoffnungslos. Aber jetzt zum Schluß haben wir erkannt, daß hier vermutlich nur verschiedene Stadien eines psychischen Abgleitens vorliegen, das der Reduktion der Zuschüsse und der Abnutzung des Inventars parallel geht. Am Ende dieser Reihe stehen Verzweiflung und Verfall." (101/102)

*

Was fehlende Zukunftsperspektiven sowohl in der empirischen Kultur- und Sozialforschung einerseits als auch, und vor allem, in der menschlichen Lebenspraxis und im politischen Bewußtsein andererseits konstituieren (können) und (historisch) konstituiert haben – mag, abschließend, ein Hinweis Hannah Arendts verdeutlichen[30]:

„Jedesmal, wenn die Gesellschaft in der Erwerbslosigkeit den kleinen Mann um sein normales Funktionieren und seine normale Selbstachtung bringt, bereitet sie ihn auf jene letzte Etappe vor, in der er jede Funktion, auch den ´job´ des Henkers, zu übernehmen bereit ist. Ein aus Buchenwald entlassener Jude entdeckte unter den SS-Leuten, die ihm seine Entlassungspapier aushändigten, einen ehemaligen Schulkameraden, den er nicht ansprach, wohl aber ansah. Darauf sagte der so Betrachtete sehr spontan: Du mußt das verstehen – ich habe fünf Jahre Erwerbslosigkeit hinter mir; mit mir können sie alles machen."

Anmerkungen

[1] http://de.wikipedia.org/wiki/Karl_Marx

[2] http://de.wikipedia.org/wiki/Richard_Albrecht

[3] http://de.wikipedia.org/wiki/Ernst_Bloch

[4] Richard Albrecht, Technology Within Every-Day Life:
http://www.hausarbeiten.de/faecher/hausarbeit/soi/25189.html;
deutsche Version: http://www.gabnet.com/psy/technology-dt-version.htm

[5] http://en.wikipedia.org/wiki/Working_poor;
http://en.wikipedia.org/wiki/Poverty

[6] Richard Albrecht, Pauper(ismus):
http://www.hausarbeiten.de/faecher/hausarbeit/sok/24673.html;
gekürzte Buchfassung: Projekt Klassenanalyse@BRD. Umbau der Klassengesellschaft. Essen: Neue Impulse, 2006 [=Beiträge zur Klassen@analyse 2], 138-145

[7] http://de.wikipedia.org/wiki/Thomas-Theorem. Dies verweist auf die *Bedeutung von Sozialpsychologie als historisch-materialistische und dialektisch-kritische Subjektwissenschaft* im Anschluß ans von W.I. und D.S. Thomas als handlungswissenschaftliches „Grundgesetz der Soziologie" bündig so formulierte *Thomas-Theorem*: „Wenn Menschen Situationen als wirklich definieren dann sind diese in ihren Folgen wirklich" (William I Thomas; Dorothy S. Thomas, The Child in America. N.Y.: A. Knopf, 1929², 571/572: "If men define situations as real, they are real in their consequences"). Wenn Menschen Gegebenheit/en zu handeln als wirklich ansehen, dann werden sie so handeln, als sei/en sie real, insofern kommt es zu wirklichen Handlungsfolgen mit realen Konsequenzen eines möglicherweise rational zunächst nicht gegebenen Ausgangstatbestands, wenn menschliches Handeln von Interpretation der Situation bestimmt wird. Diese Interpretation findet jedoch oft nicht objektiv statt. Insofern ist Handeln durch die subjektive Wahrnehmung der Situation geprägt. Darüber hinaus wird das gesamte (Alltags-) Leben handelnder Personen durch zahlreiche Situationsdefinitionen bestimt (William I. Thomas, The Unadjusted Girl. With Cases and Standpoint for Behavioral Analysis [1923]; N.Y.: Evanston; London: Harper & Row, ³1967, 42: "gradually a whole life-policy and the personality of the individual himself [..] will be influenced by a series of definitions the individual is involved in"). Insbesondere in kleinen privaten Lebenswelten („intimacy") sah W. I. Thomas die handlungsleitende Bedeutung von Situation(sdefinition)en aufgrund subjektiver Eindrücke, die projektiv das Leben bestimmen können und insofern für handelnde Menschen

´wirklich´ werden (Edmud H.Volkart [ed.], Social Behavior and Personality. Contribution of W. I. Thomas to Theory and Social Research. N.Y.: Social Research Council, 1951, 14: „subjective impressions can be projected onto life and thereby become real to projectors")

[8] Richard Albrecht, ´Vater Rhein´: Über einen Fluß als Mythos; in: Kultursoziologie, 12. Jg. 2003, I, 125-132

[9] Richard Albrecht, Völkermordmentalität: Doppelt-historische Erinnerung und Aktualität eines Syndroms:
http://www.hausarbeiten.de/faecher/hausarbeit/jul/24719.html;
gekürzte Druckfassung: Kultursoziologie, 13 (2004) 2, 73-90; erweiterte Buchfassung: Völkermord(en). Genozidpolitik im 20. Jahrhundert. Aachen: Shaker, 2006 [=Beiträge zur Rechtswissenschaft/Allgemeine Rechtswissenschaft], 9-32

[10] http://de.wikipedia.org/wiki/Friedrich_Engels

[11] Oskar Negt; Alexander Kluge, Öffentlichkeit und Erfahrung. Zur Organisationsanalyse von bürgerlicher und proletarischer Öffentlichkeit. Ffm. 1972

[12] Richard Albrecht, Von den Selbstheilungskräften zu den Selbstabschaffungstendenzen des Marktes. Zur Kritik des realexistierenden Kapitalismus; in: Gewerkschaftliche Monatshefte, 8.1991, 508-515

[13] zitiert nach Werner Seppmann, Strukturveränderungen der Klassengesellschaft; in: Projekt Klassenanalyse@BRD, aaO. [wie Anm. 6], 38-107, hier 59/60; zur analytischen Unterscheidung von formeller vs. reeller Subsumtion von Arbeit unters Kapital und relativer vs. absoluter Mehrwertproduktion: Richard Albrecht; Kurt K. Weidemeyer, Wissenschaft und materielle Produktion; in: Aktuelle Materialien zur Klassenanalyse hochentwickelter Gesellschaften (hrgg. von AStA und SHB Universität Freiburg). Freiburg/Br. 1970, 45-50; vgl. auch:
http://de.wikipedia.org/wiki/Formelle_und_reelle_Subsumtion;
http://de.wikipedia.org/wiki/Mehrwert;
http://de.wikipedia.org/wiki/Absoluter_Mehrwert;
http://de.wikipedia.org/wiki/Relativer_Mehrwert

[14] Richard Albrecht, Bilder-Welten: Aspekte veränderter Wahrnehmungsprozesse durch elektronische Medien. Oder wo die Nacht blau ist und das Gesicht faltenlos; in: Die Rolle der elektronischen Medien in der Entwicklung der Künste, hrgg. von Alphons Silbermann; Ffm.-Bern 1987, 83-99, hier 94/95

[15] Walter Benjamin, Politisierung der Intelligenz. Zu S. Kracauers „Die Angestellten" [1929]; in: Siegfried Kracauer, Die Angestellten. Aus dem neuesten Deutschland. Ffm. 1971³, 116-123

[16] Albrecht Müller, Machtwahn. Wie eine mittelmäßige Führungselite uns zugrunde richtet; München 2006; sowie Richard Albrecht, Über Phantom-Elite/n und mehr aus dem Neuesten Deutschland: Elemente einer alternativen sozialpsychologischen Zeitdiagnose; in: ders., StaatsRache – Justiz-kritische Beiträge gegen die Dummheit im deutschen Recht(ssystem). München (GRIN Verlag für akademische Texte, 2005 [e-Buch]), 132-140;

[17] Reinhard Opitz, Über die Entstehung und Verhinderung von Faschismus; in: Das Argument, 87.1974, 543-603; vgl. auch Richard Albrecht, Reinhard Opitz´ These der Bewußtseinsfalsifikation – 30 Jahre später; in: Topos, 24.2005, 123-146

[18] Richard Albrecht, Staat – Monopole – Massenmedien. Bestandsaufnahme zur Lage in der BRD; in: Marxistische Blätter, 3.1979, 26-35

[19] Heinz Dieterich, Der Sozialismus des 21. Jahrhunderts. Wirtschaft, Gesellschaft und Demokratie nach dem globalen Kapitalismus. Berlin 2006; Heinz Dieterich, Neues historisches Projekt. In: Mit dem Sozialismus rechnen. Berlin: 8. Mai, 2006, 9-11; http://de.wikipedia.org/wiki/Heinz_Dieterichs; Wilma-Ruth Albrecht, 'Ein neues Lied, ein bessres Lied. Oh Freunde' - Harry Heine, Alternativen aus dem Rechner, Äquivalenzprinzip, (Computer-) 'Sozialismus des 21. Jahrhunderts'. - Literaturbericht aus Utopia Nova:

http://www.hausarbeiten.de/faecher/hausarbeit/lit/26502.html; vgl. auch Wilma-Ruth Albrecht; Richard Albrecht, Herausforderungen einer sich neu formierenden „Weltgesellschaft" Politiksoziologische Hinweise auf einen postkapitalistischen Entwicklungspfad: http://de.geocities.com/earchiv21/weltgesellschaft.htm

[20] Rose Groetschel, Zu den Grenzen klientenzentrierten Handelns in der Prävention; in: Psychologie & Gesellschaftskritik, 54-55.1990, 49-73, hier 72; weiterführend Morus Markard, Kritische Psychologie: Methodik vom Standpunkt des Subjekts [2000]: http://www.qualitative-research.net/fqs-texte/2-00/2-00markard-d.htm

[21] http://de.wikipedia.org/wiki/Zukunft

[22]http://viadrina.euv-frankfurt-o.de/~jusohsg/lieder/brueder/brueder.htm

[23] Marie Jahoda, Paul F. Lazarsfeld, Hans Zeisel, Die Arbeitslosen von Marienthal. Ein soziographischer Versuch über die Wirkungen langandauernder Arbeitslosigkeit. Mit einem Anhang zur Geschichte der Soziographie (Lpzg. 1933; Allensbach 1960²); Ffm.: Suhrkamp, 1975³ [= edition suhrkamp 769], 148 p.; inzwischen gibt es auch im Netz zahlreiche Materialien zur Bedeutsamkeit der Studie und ihrer Hauptautorin:
http://de.wikipedia.org/wiki/Die_Arbeitslosen_von_Marienthal
http://www.soz.unibe.ch/studium/ws0506/downloads/prosem_muellerleder_200
5_11_16_Marienthal.pdf
http://www.sozpsy.unihannover.de/Marienthal/forscher/forscher.htm
http://www.sozpsy.uni-hannover.de/marienthal/archiv/archiv2431.html
http://de.wikibooks.org/wiki/Soziologische_Klassiker/_Jahoda%2C_Marie
http://de.wikipedia.org/wiki/Marie_Jahoda
http://evakreisky.at/onlinetexte/laudatio_jahoda_kreisky.php; - Die Studie wurde 1985 eindrucksvoll verfilmt von Karin Brandauer und Mitarbeiter(inne)n unter dem Titel: *Einstweilen wird es mittag* (Erstsendung 1. Mai 1988 im ORF 1; Wiederholung/en: 25. November 1993 ARTE, zuletzt 11. Juli 2003 3sat)

[24] Gottlieb Schnapper-Arndt: Fünf Dorfgemeinden auf dem Hohen Taunus: eine socialstatistische Untersuchung über Kleinbauernthum, Hausindustrie und Volksleben, Leipzig 1883; postum erschienen, von Leon Zeitlich herausgegeben: Gottlieb Schnapper-Arndt, Vorträge und Aufsätze. Tübingen 1906; Sozialstatistik. Vorlesungen über Bevölkerungslehre, Wirtschafts- und Moralstatistik. Leipzig 1908; vgl. auch Wolfgang Bonß, Die Einübung des Tatsachenblicks. Zur Struktur und Veränderung empirischer Sozialforschung. Hbg. 1982

[25] Hartmut Krauss, Das umstrittene Subjekt der Postmoderne; in: Gescheiterte Moderne ? Zur Ideologiekritik des Postmodernismus (hrgg. von Hermann Kopp; Werner Seppmann), Essen 2002, 93-121

[26] Jahoda u.a., Die Arbeitslosen von Marienthal, aaO. [wie Anm. 23], 32-36

[27] http://www.wienerzeitung.net/linkmap/personen/jahoda.htm

[28] vgl. Gisbert von Elsbergen, Die Arbeitslosen von Marienthal – eine klassische Untersuchung (Arbeitspapier [o.O.] 1991, 16 p.)

[29] Jahada u.a., Die Arbeitslosen..., aaO. [wie Anm. 23], hier 75; alle folgenden Zitate in (Klammern) nach diesem Text

[30] Hannah Arendt, Organisierte Schuld [1948]; in: Die verborgene Tradition. Acht Essays. Ffm. 1973, 32-45;wieder in:Düsseldorfer Debatte, 6-7.1987, 29-39